흔들리지 않는 달빛

빛남시선 159

흔들리지 않는 달빛

류선희 시집 • 14

빛남출판사

• 시인의 말

오랫동안

별처럼 반짝이는 시를 꿈꿨지만

별 닮은 시조차 아득하다

하릴없이

내가 별이 되는 순간까지

사랑하고 또 사랑하며

별 같은 시를 꿈꿀 수밖에

2024년 가을

소정. 류선희

시인의 말 • 5

1부

안개의 벽 • 13
결 • 14
흐르는 강 • 16
풀의 눈물 • 17
풍경 • 18
멍에 • 19
어떤 촛불 • 20
말하는 석불 • 21
바람의 비가 • 22
나목이나 고통이나 • 24
조율하기 • 25
절규하는 파도 • 26
빗방울 연가 • 27
충고에 대하여 • 28
가장 가벼운 • 29
꿈꾸는 그림자 • 30

2부

윤슬 • 35

네잎클로버 • 36

바다는 문이 없다 • 37

불씨 • 38

새 그리고 나목 • 39

흔들리면서 • 40

그믐달 • 41

겨울 해바라기 • 42

허망한 끈 • 44

겨울 산 • 45

사랑이란 • 46

바람을 꿈꾸며 47

둥지 • 48

거울의 눈 • 49

존재의 본성 • 50

견고한 포옹 • 51

3부

오래된 등대 • 55
뒤늦은 후회 • 56
완벽한 사랑 • 57
낙엽 • 58
꿈꾸는 이유 • 59
석양, 그 등 뒤에서 • 60
시궁창 • 62
나에게 가족은 • 63
자정의 창가에서 • 64
단순하게 그저 단순하게 • 65
그래야 하는데 • 66
길 안팎에서 • 67
달빛처럼 빗방울처럼 • 68
날개를 위하여 • 69
창 • 70
돌아오지 않는 바람 • 71

4부

얼룩을 지우며 • 75

묵상 • 76

묵주기도 • 77

거저 얻어지는 것은 없다 • 78

십자가 앞에서 • 79

위력 • 80

눈꽃 – '타이스의 명상곡'을 들으며 • 81

까마귀 • 82

못 • 83

감탄사 • 84

고해성사 • 85

성수 • 86

배려 • 87

비움 뒤의 충만 • 88

새벽기도 • 89

구원의 기도 • 90

5부

천주교 부산교구의 노래 • 92

천주교 부산교구의 노래(악보) • 93

사제의 송가 • 94

사제의 송가(악보) • 96

등불을 위하여 • 98

등불을 위하여(악보) • 100

금정산 찬가 • 102

금정산 찬가(악보) • 104

아가 • 108

아가(악보) • 110

1부

안개의 벽

안개 속에는
아무리 뒤져도
그대에게 가는 길이 없다

눈감은 새벽까지 삼킨 안개

망집을 벗겨낸 혜안이 아니면
도무지 뚫을 수 없는
막막한 벽 속에
언제까지 갇혀야 할지

불변의 사랑인 그대에게 가는
투명한 길을 위하여

스스로 촛불이 되거나
스스로 등대가 되거나

곁

아무리 좁은 틈이라도
비집고 들어앉는 것이 사랑이다

노상 닫혀 있는 마음의 창은
빛 가운데서도 표정이 없다

무표정으로
빈틈없이 조이다
끝내
절망의 수렁에 갇힌 낮달

목마른 가랑잎으로 줄곧 버석거려도
이내마저 떠난 수렁에는
닫힌 귀뿐이다

애써 쌓은 옹벽이 깎이더라도
곁을 내주는 것이 사랑일진대

곁을 완강히 거부한 담벼락은
속 빈 바람조차 비켜간다

흐르는 강

바람이 오가며 집적거리고
산 그림자가 밤낮으로 내리눌러도
흐르는 강은
전혀 흔들리지 않는다
움켜쥐고 싶은 것이 왜 없고
보내고 싶지 않은 것이 왜 없을까
빗방울의 낯익은 가락이며
바닷새의 애절한 아가조차
귓전으로 돌리고
시린 가슴
구석구석 데워 주던
뜨거운 노을마저 밀어내며
아랑곳없이
흐르고 흐르는 그대를
어찌 꿈꾸지 않으랴

풀의 눈물

날 세운 바람이
느닷없이
풀의 옆구리를 찌르고 달아난다

갈가리 찢긴 풀들
는개보다 서럽게 흐느낀다

얼마나 더 낮아져야 하는가
얼마나 더 아파야 하는가

밤 이슥토록
풀들을 위무하던 달이
졸고 있는 가로등에게 귀띔한다

풀꽃은
상처마다 고여 있던
풀의 눈물이라고

풍경

행여 발자국 소리 놓칠까
파도처럼 뒤척인다

습관적으로 두드렸어도
뼛속 깊이 스며든 여운
문득문득 꿈틀거린다

길이와 무관하게
기다림은 가혹한 형벌인 것을

변변치 못한 미물까지
무능하다 빈정거려도

그대를 기다리는 일밖에
정작
내가 할 수 있는 것은
아무것도, 아무것도 없다

멍에

신화 속의 '시시포스'가
오랜 시간을
구르는 돌과 힘겹게 투쟁하듯
사람 또한
무게 다른 고통에 부대끼며
일생을 살아간다
피하거나 비켜갈 수 없으니
하릴없이
짊어져야 하는 멍에,
힘들여 끌어다
내 발밑에 놓고
가까이서 시달려야
비로소
구원의 디딤돌이 되는

어떤 촛불

촛농이 엉겨 붙어
속살까지 굳어진 몸을 근근이 추스른다

염치를 묵인하지 못해
도리를 회피하지 못해

군데군데 데인 상처며
알게 모르게 문질리어
으깨진 자존까지 짓이겨 버리고

한 번도 가 보지 않은
낯선 길 위에서

뼈까지 하얗게 녹아내려
홀가분해진 날개를
스스로 접는다

말하는 석불

운주사 석불은 입이 없어도 말을 합니다
무심코 뱉은 말이
마음을 옭아매는 쇠사슬이 되거나
심장을 쪼개는 도끼가 된다고
입 없는 돌부처가 말을 합니다
유언을 하듯이 말을 해야
재앙의 뿌리가 되지 않으니
내가 나에게 부끄럽지 않으려면
언제 어디서나
입단속을 단단히 해야 한다고
오래된 석불이 다문 입으로 말합니다

바람의 비가

슬프지 않은 바람은 없다

황혼의 비탈에서
비가를 토하며 날아다니는 바람

삶의 행간 켜켜이 서린 웅어리며
누운 한의 앙금까지 게우고 게우다
이윽고 빈 가지 위에 널브러진다

이미 다 해지고 문드러져
흔적도 없는데
가슴이 없어 잔인하다니……

바람의 눈물을 본 적 있는가

쓸쓸한 비탈에서
눈물 가득 머금은 채
통곡하듯 비가를 쏟아내니

더 벗을 것 없는 나목들이
바람의 비가로
꽁꽁 언 몸을 녹인다

나목이나 고통이나

나목이 알몸으로
땅속 깊이 뿌리내리듯이
고통도 뼈까지 가르며
몸속 깊이 뿌리내린다

나목이 모진 바람 속에서
어렵사리 싹을 틔우듯이
고통 또한
길 없는 절망의 늪에서
안간힘을 다해 싹을 틔운다

기다릴 수밖에
잠자코 기다릴 수밖에

나목이나 고통처럼
애를 써 틔운 싹이
찬란한 열매를 낳을 때까지

조율하기

비록 영묘한 힘이 주관할지라도
주어진 하루는
스스로 조율해야 할 덤이다

때로는
뼈저리는 그리움으로

또 때로는
시퍼렇게 눈 뜨고 있는
상흔으로 각인되지만

한생을 위해
온몸으로 하루를 사르는
하루살이가 그렇듯이

나에게 주어진
나만의 하루는
결코 허투루 태울 덤이 아니다

절규하는 파도

사랑을 두고
침묵하는 파도는 없다

파도의 절규는
바람이 부리는 패악과는 무관하다

태양을 순산한 바다 앞에서
무릎을 꿇고
상처를 꿰매느라
허연 거품까지 토하는 파도

상처를 두고
눈감는 파도는 없다

빗방울 연가

강물을 두드리니
뿌리내린 산 그림자가 흔들리고
숲을 두드리니
새들의 접은 날개가 흔들리고
지붕을 두드리니
처마 끝의 풍경이 흔들리네

여린 살갗 속에
음표를 가득 머금은 빗방울

두드리는 것마다
흔들리지 않는 것이 없으니

사랑한다는 것은
가슴 다 미어지도록
두드리고 또 두드리는 일이네

충고에 대하여

진부하거나 어쭙잖은 충고는
비웃음으로 구르거나 바람으로 날아간다

진심 어린 권고나
이익을 수반한 조언이라도
심사숙고 후 충고할 일이다

하지만
아무 거리낌없이
자주 충고하는 사람은 안다

맞갖은 충언이 아닐지라도
언짢은 조언일지라도

사람다운 사람은
삭히고 삭혀
지혜의 곳간을 채운다는 것을

가장 가벼운

 내 앞가림이 급급해 떨고 있는 풀들을 아예 외면했고 푸르게 곤두선 언어의 칼 오가며 휘두르고도 짐짓 모른 척 했으며 배려가 두절된 이기의 늪에서 아직도 허우적거리니 그 누구도 아닌 나에게 부끄럽다 겨울 끝자락에서도 고개 쳐드는 탐욕의 곁가지까지 모조리 쳐내야 할 텐데, 가장 가벼운 홀씨로 날아가려면

꿈꾸는 그림자

겉껍질 한 겹도 벗지 않은 본체가
오롯이 녹아든 그림자,
사뭇 두리번거리며
꿈속에서도 날개를 꿈꾼다

정화된 영혼과 완벽하게 일치했어도
편평하든 아니든
종일 바닥에 붙어산다는 것은
엄청난 고역인 것을

이따금 내미는 들꽃의 손이 따습고
달빛의 간지럼이 살가워도
그림자는 오직 날개만 꿈꾼다

무채색으로
영원히 반짝거리지 않은들 어떠랴

유채색 사랑
일생 품지 못한들 어떠랴

새처럼 음표를 뱉으며
어디든 날아갈 수만 있다면

2부

윤슬

가슴이 미어터져도
바다는 기꺼이 태양을 품는다

스스럼없이 바다에 안긴 태양,
파도 날에 베여
가슴이 가리가리 찢어져도
황홀한 순간을 꿰매어
빛의 숲을 짓는다

겨울 다 가도록
차마 떠나지 못하고
섬 언저리를 맴돌던 바닷새

날랜 바람을 밀어내고
멀리서도 반짝이는 빛의 숲으로
재바르게 날아든다

네잎클로버

얽히고설켜 살아도
우리는 답답하지 않습니다
어쩌다 상처 입은 잎 하나
더 애틋한 짝입니다
시나브로 쌓은 우정
미더운 등대로
어디서나 길을 밝혀 주니
비바람이 몰아쳐도
우리는 두렵지 않습니다
반세기 넘도록
네잎클로버로 살아온 우리,
아마도 지금처럼
피안에서도
네잎클로버로 엮일 겁니다

바다는 문이 없다

걸핏하면 횡포를 부리는 바람,

바람의 횡포는 습관이라는 것을
바다는 이미 알고 있다

닥치는 대로 후려칠 때마다
푸른 살점이 후드득 떨어져나가고
파도에 다져진 뼈마저 으스러져도
문이 없는 바다는
눈 부라린 바람의 오만이며
날 세워 휘두르는 비수까지 품는다

어느 것 하나 내치지 않으니

닮기는커녕
흉내조차 낼 수 없다

불씨

내가 너에게
잠시라도 불씨가 됐다면
얼마나 따뜻했겠느냐

안개가 등대를 삼키고
폭풍이 숲을 주저앉혀도

내가 너에게
한 번이라도 불씨를 건넸다면
네가 나를 떠났겠느냐

새 그리고 나목

곰삭은 정원은 꿈이 숨 쉬는 샘이다

숱한 꿈들이 숨을 쉬는 샘에서
주렁주렁 꿈을 긷던 나무들
어느새 벌거벗은 몸이 된다

노을이 스러지고
이내가 드리우면
가지마다 사랑을 심던 새들도
빈숲을 떠나고

다 벗은 나목들은
부활의 꿈을 길어 알몸을 가리는데

아- 언제쯤이면
새처럼 숲을 버리고
나목처럼 알몸이 될까

흔들리면서

태풍이 날뛰며
천지를 마구 뒤흔든다

뻣뻣한 자존
좀처럼 잦아들지 않는다

아무리 낮게 엎드려도
뼈마디마다 저미는데

가로등 속의 빛 한 줄기

흔들리면서
흔들리면서
풀잎의 상처를 꿰매고 있다

그믐달

익어서 아름다운 것이
어디 노을뿐이랴

어쩌다 눈 마주쳐도
하얀 미소를 날리고

허술한 빛으로도
떠는 풀들의 옷이 되니

비워서 눈부신 것이
어디 나목뿐이랴

겨울 해바라기

발아래 휘청거리는 들꽃이

못내 안쓰러워

애간장이 다 녹았구나

저만치 겨울 등이 보이니

못다 한 사랑

그을린 가슴에 묻고

못다 한 기도

바람의 등에 업히고

다소곳이 고개 숙인 채

나비처럼

그리던 둥지로 날아가는구나

아무 거리낌 없이

아무 망설임 없이

허망한 끈

오랜 시공을 공유한 인연은
쉽사리 자를 수 없는 끈이다
하지만
시공을 오래 공유해서
아무리 검질겨도
이기로 엮인 연줄은 쉽게 끊어진다
검질긴 인연이 어이없이 끊어지면
모골이 송연하고
무뜩무뜩 살이 떨린다
겉과 속이 다른 불순한 끈보다
허망한 것은 없다
이미 끊어진 끈은
결코 본디대로 이을 수 없으니
일찌거니 포기할 일이다

겨울 산

어쩌다 부둥켜안은 유채색 꿈
더없이 눈부시다

잠시 스치는 무지개면 어떠랴
잠깐 머무는 노을이면 어떠랴

오오-
가슴이 뜨거워진다는 것은
얼마나 설레는 일인가

황혼의 사랑이
더 가슴 뛴다는 것을
날개 접은 겨울새들은 안다

간신히 끌어안은 마지막 사랑
참으로 눈물겹다

사랑이란

본체가 흔들리면
같이 흔들리며
있어도 없는 듯
그림자로 사는 거다

막막한 바다 속에서
뜨거운 몸으로
안개를 녹이는
등대로 사는 거다

캄캄한 포도 위에서
흔들리지 않는 달빛으로
길을 열어주는
붙박이가 되는 거다

바람을 꿈꾸며

뒤돌아보는 바람은 없다

바람은 어디에도
그리움을 쌓지 않고
흔적 한 조각 남기지 않는다

미어질 가슴조차 없으니
얼마나 홀가분하랴

내키는 대로
날개 펴고 접으며
앞만 보고 가는 바람이고 싶다

둥지

내 마음은 그리움이 머무는 둥지다

아무나 여닫지 못해
바람도 들락거리지 못한다
어제는 빗방울이 두드리더니
오늘은 금목서 향기가 들어선다
순식간에 그리운 향가가 퍼지니
유년의 '은파'가 출렁거리고
'소녀의 기도'가 탑이 되고
'숲의 속삭임'이 들리고
'남 몰래 흘리는 눈물'이 쌓이고
'방황하는 은빛 달'이 뜨고
'내 마음의 강물'이 흐른다

내 마음은
그리운 향기 속에서
추억이 어우러져 뒹구는 둥지다

거울의 눈

거울의 눈 속엔
나를 숨기려는 마음까지 들어 있다

덧칠해서 가려진
검버섯이며 주름까지
명확하게 투영한다

영혼의 가슴까지 꿰뚫는 눈

이미 햇살이 떠나고
이내가 들어섰지만

거짓 없는 그대 눈과
마주한다는 것이
못내 두렵다

존재의 본성

하찮은 미물이라도
나름대로
본성이 있다

배꽃은 잊을 수 없는 향기를 내뿜고
들꽃은 엎드려서도 미소를 뿌리고
갈대는 흔들리지 않아도 가련하며
동백은 송이째 떠나 눈물겨우니

존재하는 것은
아무리 미미해도
저마다
존재의 의미를 품고 있다

견고한 포옹

섬을 품고 있는 바다는
삭풍이 몰아쳐도 전혀 동요하지 않는다

달을 보듬고 있는 강 또한
눈보라에 휘감겨도 끄떡도 하지 않는다

뿌리까지 흔들어대는 바람으로
바다와 강은
시시로 눈앞이 아뜩하고

석양이 부르는
이별의 노래가 절절하지만

아예 빈틈이 없는 완벽한 포옹은
그 어떤 훼사에도
결코 흔들리지 않는다

3부

오래된 등대

심지가 거의 닳았는지

노상 가물거리는 그대

가까이 다가가니 더 안쓰럽다

비록 보잘것없어도

내가 건넨 불씨로

다시 꽃불이 지펴져

허리를 비트는 안개를 걷어내고

꿈꾸던 무지개가 뜬다면

가까스로 일군 사랑

더는 거머쥘 수 없어도

나는 괜찮겠다

뒤늦은 후회

되돌릴 수 없는 생,
대충대충 산 것이 목에 걸린다

허우적거릴수록
더 깊이 침잠하는 욕망의 늪에서
어렵사리 빠져나왔어도
갈팡질팡하기는 매한가지다

얼마나 더 허우적거리면
나목처럼
다 벗고도 꼿꼿이 설 수 있을까

강으로 흐르기는커녕
강의 수심만 키우는
회한의 눈물

어떤 참회로 퍼내고
어떤 기도로 말리랴

완벽한 사랑

영혼과 육신이 섞이면
흔들리지 않는 바위가 되어
창 없는 벽속에서도
선뜻 디딤돌로 엎드리고

영혼과 영혼이 엮이면
희원을 절창하는 숲이 되어
거센 바람 속에서도
서슴없이 버팀목으로 선다

디딤돌로 엎드리거나
버팀목으로 설 때
비로소
사랑은 완벽하게 영근다

낙엽

차안의 끝자락에서
빛바랜 생이
설익은 그리움을 줍고 있다

는개에 휩싸여도
긍정적인 사고와 맑은 혜안으로
한사코 지켰을 자존

새들의 노래엔 얼마나 흔들렸으며
풀꽃의 눈물엔 또 얼마나 가슴 저렸을까

피안의 어귀에서
저문 생이
마지막 꿈을 캐고 있다

꿈꾸는 이유

눈감은 가로등이며
은발의 는개까지 담은 창은
더없이 넉넉하다

무엇 하나 내치지 않고
무엇 하나 숨기지 않는
투명한 가슴

후려치는 빗줄기며
흔드는 바람까지 보듬은 창은
참으로 푸근하다

푸근하거나
넉넉하거나
우리가 창을 꿈꾸는 이유다

석양, 그 등 뒤에서

떠나는 마지막 순간까지
가리거나 구별하지 아니하고
제 빛을 고루 나누어주는 것은
참으로 눈물겨운 사랑이다

아무 대책 없이 저지르는 편애는
영혼을 갉아먹는 좀이다

좀 먹힌 숱한 영혼들
길이 없는 불치의 늪에서 휘청거리다
끝끝내, 날개 펴지 못하고
바람의 등에 업히는데

한쪽으로 기울고는
인간의 본능이라고 우기지 마라

바다 끝자락에서도
산 정수리에서도
남은 체온이며 뜨거운 눈빛까지

남김없이 골고루 쏟아붓느라
안간힘을 다하는 것은
정녕 가없는 사랑이다

시궁창

악습은 썩기 마련이다

누누이

밥상머리에서 군소리를 반찬에 섞거나

날선 입으로 분위기를 깨거나

남의 약점을 거침없이 드러내거나

있는 체 하며 거들먹거리거나

악습이 썩으면 시궁창이 된다

악취가 진동하는

나에게 가족은

멀리 있어도

어둠별처럼

가슴 지피는 신비로운 불씨고

혈연이 아니라도

강물처럼

끊을 수 없는 유착의 사슬이고

이미 떠났어도

금목서처럼

보낼 수 없는 그리운 향기다

자정의 창가에서

이따금
자정의 창가에 서면
잊히지 않는 추억이 창을 두드린다

도무지 잊을 수 없는 추억은
주름도 없다

추억의 음표들이
은발을 날리며 파고들면
자정의 창은
또 하나의 악기가 된다

언제나 그리운
'희망의 속삭임'을 들려주는

단순하게 그저 단순하게

벚꽃이 분분하게 흩날린다

벚꽃은 알고 있다
곧바로 몸 닿는 그곳이
가장 안락한 피안이라는 것을

미리 작정하고 떨어지는 꽃잎은 없다
미리 걱정하며 떨어지는 꽃잎도 없다

흔들리면 흔들리는 대로
날리면 날리는 대로
단순하게 살다 그저 단순하게 진다

짧은 생이면 어떤가

가뿐한 삶이여
숙연한 종말이여

그래야 하는데

현란하던 석양이 떠나니
사위가 적막하다

끼고 있던 분신들
죄다
엎드린 노을 등에 업히고
시방이라도
별이 될 채비를 하라고
낙엽을 밀어내던 바람이
적막을 가르며 중얼거린다

그래야 하는데
정녕, 그래야 하는데

길 안팎에서

그대 언제까지 길 밖에서
다 식은 흔적을 핥으려는가

틀마저 문드러진 창
해는커녕
낮달조차 외면하고

아집으로 늘어진 커튼
달빛도 피해 가는데

그대 언제까지 길 속에서
이미 삭은 그림자를 씹으려는가

달빛처럼 빗방울처럼

간간이 속삭이던 숲이며
절절한 눈빛의 노을이
등을 보이니

흐느적거리던 풀들이
서둘러 날개를 접으며

가장 넉넉하고
가장 낮은
대지의 가슴에
깊숙이 뿌리내린다

모 없는 달빛처럼
뼈 없는 빗방울처럼

날개를 위하여

무거운 고통도 가볍게 여기기

무거운 사유도 가볍게 줄이기

무거운 관계도 가볍게 넘기기

무거운 죽음도 가볍게 맞이하기

창

1
유년의 우물에서
아련한 그리움을 길어 올리면
보랏빛 등꽃이 흐늘거리고

2
싱그러운 숲에서는
가지와 가지를 넘나드는 새들이
추억이 담긴 노래를 심고

3
또 하나의 밤하늘에
푸른 별들이 일제히 눈을 떠
소야곡을 부르고 부르는

돌아오지 않는 바람

졸지에 돌린 등은 바람이다
돌아오지 않는 바람이다

선뜻 내민 손까지 외면하고
순식간에
차디찬 바람이 되다니

어느 꽃이 대신할까
어느 노래가 대신할까

오늘도 새벽은 어김없이 오는데

어디에도
그 어디에도
다시 돌아오는 바람은 없다

4부

얼룩을 지우며

미사는 영혼을 비추는 거울이다

사제의 손을 빌어
영육의 얼룩을 지우고
진애 한 톨까지 털어내면
가장 가벼운 몸으로
당신 성으로 들어갈 수 있으니
심오한 거울에
찌든 영혼을
자주 비춰볼 일이다

거룩한 미사는
영혼을 정화하는 지름길이다

묵상

깊은 묵상은
엄위한 참회로 이끈다

지은 죄를 뼈저리게 뉘우치고
간곡하게 용서를 구하면
마침내
성화의 경지에 이르니

잦은 묵상은
영적으로 거듭나는 일이다

묵주기도

아득한 고해까지 밝히고
옥죄는 고뇌의 그물까지 녹인다

폭풍 속에서도
결코 꺼지지 않는 불씨로
차안과 피안을 연결하는
가장 튼실한 고리가 되느니

묵주기도는
영생을 얻는 기적의 가교다

거저 얻어지는 것은 없다

언제까지 아프다고 울부짖으려는가
아무리 아파도
십자가에 못 박힌 예수님에 비하랴
희생은커녕
무엇 하나 버리지 않고
어찌 아프다 하는가

언제까지 괴롭다고 몸부림치려는가
아무리 괴로운들
예수의 시신을 안은 성모님에 비하랴
속죄는커녕
일말의 뉘우침도 없이
어찌 괴롭다 하는가

최상의 자유인 부활은
거저 얻어지는 것이 아니다

십자가 앞에서

수시로
화살기도를 바칩니다

견딜 만큼의 고통으로
눈물겨운 축복을 내려주시고

십자가에 매달리시어
무엇이 참사랑인지 몸소 보여 주신

당신과 하나 되려

자주
청원기도를 바칩니다

위력

장대비의 세찬 빗발로
나무는
노래하는 숲이 되고

노을의 뜨거운 눈빛으로
시인은
향기로운 분신을 낳고

사제의 유일한 보속으로
신자는
영혼의 날개를 펴고

눈꽃
– '타이스의 명상곡'을 들으며

마지못해 앉은 자리
축축하고 낯설어도
다소곳이 기다리더니

수도사 '아타나엘'의 유혹을 뿌리치고
이윽고
주님께 날아간 '타이스'처럼

어렵사리 날개 펴
대지의 품으로 날아가는
저 눈꽃, 눈꽃들

까마귀

해마다
재의 수요일 아침이면
재를 이마에 바르며
"당신은 먼지이고
먼지로 돌아갈 것을 기억하라"는
사제의 말씀을 듣고도
돌아서면
까맣게 잊어버리고
먼지 위에 먼지를 쌓는
까마귀 한 마리

못

무심코 여기저기
셀 수 없이 못을 박는다

박힌 못은 깊이와 관계없이
참회의 눈물 아니면 뽑을 수 없는데
박은 못을 뽑지 못해
너나없이 안달이다

그대는 아는가

못이 뽑힌 그 자리엔
어김없이
향기로운 별꽃이 핀다는 것을

누구도 아닌 나를 위하여
알게 모르게 박은 못을
서둘러 뽑을 일이다

감탄사

하이든의 오라토리오 '천지창조'는 구약성서 창세기에 하느님이 7일 동안 세상을 여는 과정을 묘사하고 이를 기리기 위해 작곡한 것으로 창조주의 전능함을 웅장하게 노래한다. 신이 인간에게 베푸는 아가페 사랑과 우주만물을 창조한 신의 위대한 업적을 찬사할 언어는 그 어떤 미사여구도 아닌 오직 감탄사뿐이다.

고해성사

소소한 죄까지
남김없이 다 토해내면
영검한 보속으로
영육의 때가 씻긴다

가라앉은 죄의 앙금까지
모조리 쏟아내면
엄위한 성령으로
날개가 가벼워진다

성수

목마르고 허기진 영혼이
당신의 성수로
생기를 되찾으니
이보다 더한 축복이 어디 있으랴

영원히 마르지 않을
주님의 샘이
우리 곁에 있으니
이보다 더한 은총이 어디 있으랴

배려

지난한 삶 속에서
들볶임을 당하는 이를 위해
기도하는 것은
가장 아름다운 배려입니다

고통 속에서
허우적거릴 때
"너를 위해 기도하겠다"는 말보다
더 큰 배려는 없습니다

비움 뒤의 충만

화병 바닥에 눌어붙은
물의 앙금까지
죄다 긁어내니
어느새
수북이 담기는
사랑의 향기

새벽기도

내 남은 생애의 첫 날인 오늘

어제도 그랬듯이

영혼을 깨우는 새들의 노래와
하루를 깨우는 새벽을 맞으며

나와 엮인 소소한 존재에게
나와 엮인 소중한 인연에게

햇빛처럼 골고루 나누고
바다처럼 온전히 보듬는

축복의 하루가 되게 하소서

구원의 기도

"나는 길이요, 진리요, 생명이다.
나를 통하지 않고서는 아무도
아버지께 갈 수 없다."는
귀한 말씀을 기억하게 하시어
어디에도 중독되지 않은
어디에도 구속되지 않은
오로지 주님 안에서
자유로운 삶을 살게 하소서
그리하여
마침내
은총의 길이 열려
영원한 생명을 얻게 하소서

5부

천주교 부산교구의 노래

1 주님 영광 찬양하는 영롱한 빛이고자
  송두리째 온몸 태워 은총의 촛불 되네.
  아늑하고 은혜로운 주님의 품속에서
  마음마다 나눔의 싹 푸르게 움트도록
  바람에 흔들려도 땅 끝까지 비추어라
  아- 부산교구 사랑의 불빛이여!

2 주님 약속 증거하는 거룩한 성이고자
  남김없이 온몸 비워 구원의 종이 되네.
  포근하고 향기로운 성모님의 품속에서
  기도마다 복음의 씨 알알이 영글도록
  파도에 휩쓸려도 하늘 끝까지 울리어라
  아- 부산교구 희망의 종소리여!

* 1997년, 천주교 부산교구 창립 40주년을 기념하여 작사함.
  윤용선 신부 작곡

사제의 송가

사제여, 하느님의 사랑 사제여
당신이 부르는 아름다운 노래가
태양을 일으켜 새벽을 연다는 것을
멀리 나는 가벼운 새들은 아네
오! 사제여
부활의 징검다리인 그대 있음에
우리도 영원히 살리라

사제여, 하느님의 분신 사제여
당신이 드리는 겸손한 기도로
꿈꾸던 나목에 새봄이 움트는 것을
가장 낮게 엎드린 풀들은 아네
오! 사제여
부활의 징검다리인 그대 있음에
우리도 영원히 살리라

사제여, 하느님의 은총 사제여
당신이 주시는 소중한 보속으로
십자가 속에서 샛별로 뜬다는 것을

버림받은 불쌍한 영혼들은 아네
오! 사제여
부활의 징검다리인 그대 있음에
우리도 영원히 살리라

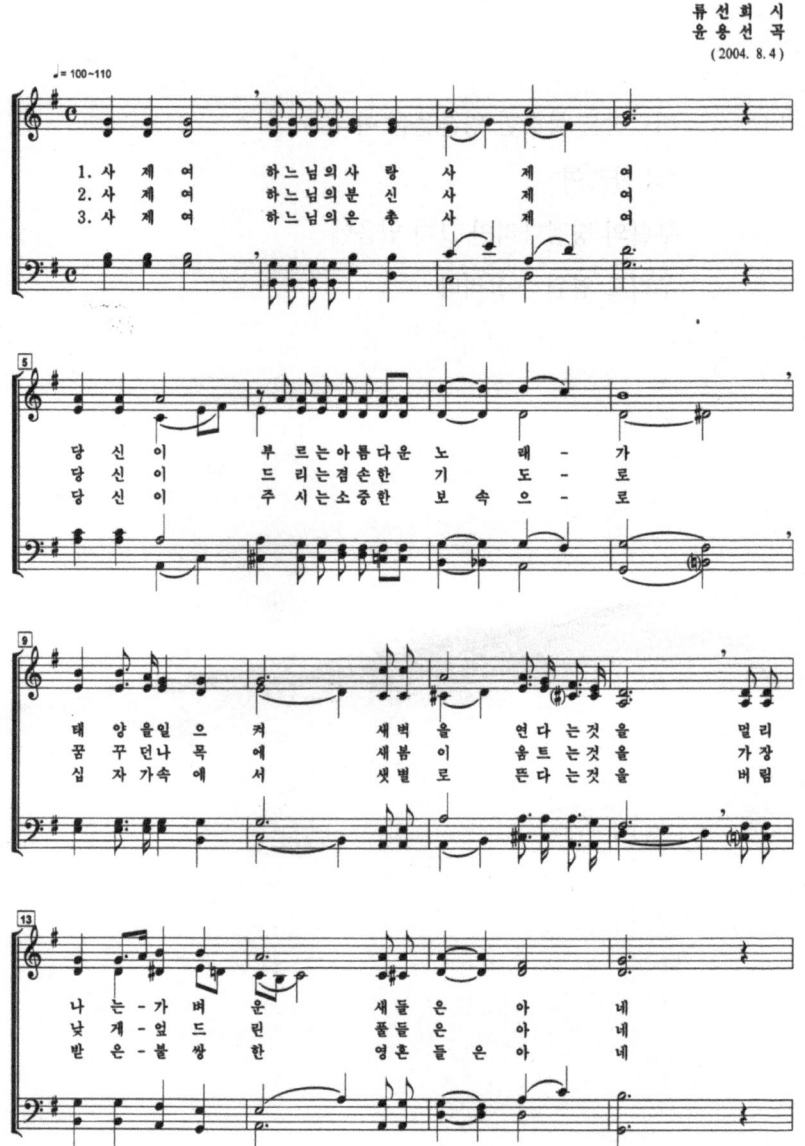

등불을 위하여

1 구원의 양식인 주님 말씀으로
  영원한 생명을 얻음은 더없는 은총이나니
  지혜의 빛으로 아침을 열고
  성령의 빛으로 하루 닫으리
  고통의 바람 속에서도 절망의 늪 속에서도
  주님 길을 밝히는 등불을 위하여
  복음 기쁨 함께 하리라 축복의 우리 공동체

2 목마른 영혼에게 샘물 한 잔으로
  넉넉한 온정을 나눔은 더없는 사랑이나니
  희망의 빛으로 아침을 열고
  참회의 묵상으로 하루 닫으리
  고통의 바람 속에서도 절망의 늪 속에서도
  주님 길을 밝히는 등불을 위하여
  친교 기쁨 함께 하리라 공덕의 우리 공동체

3 온전히 예수님 닮는 지름길로
  거룩한 성체를 모심은 더없는 은혜이나니
  영성의 빛으로 아침을 열고
  성찬의 은덕으로 하루 닫으리

고통의 바람 속에서도 절망의 늪 속에서도
주님 길을 밝히는 등불을 위하여
미사 기쁨 함께 하리라 영광의 우리 공동체

4 헐벗은 이웃의 울이 되어 주려
움켜쥔 꿈마저 버림은 더없는 희생이나니
환희의 빛으로 아침을 열고
나목의 겸손으로 하루 닫으리
고통의 바람 속에서도 절망의 늪 속에서도
주님 길을 밝히는 등불을 위하여
동행 기쁨 함께 하리라 헌신의 우리 공동체

5 마음의 평화를 같이 누리려고
선교의 씨앗을 뿌림은 더없는 봉헌이나니
믿음의 빛으로 아침을 열고
생명의 십자가로 하루 닫으리
고통의 바람 속에서도 절망의 늪 속에서도
주님 길을 밝히는 등불을 위하여
구원 기쁨 함께 하리라 보람의 우리 공동체.

* 윤용선 신부 작곡으로 2021년 대구 대교구가 주최한 창작성가 공모에서 '최우수상'을 수상함

(4성부)

등불을 위하여

2021. 8. 15.

류선희 사
윤용선 곡

* 100

금정산 찬가

그리움이 숲을 이뤄 하늘 가리면

바다보다 넉넉한 그대 품에 안긴다

얼룩진 내 영혼 풀빛으로 물들이고

오만한 바람마저 뜨겁게 끌어안는

아! 금정산 어머니 같은 산이여

그리움이 단풍 들어 창을 태우면

햇살보다 따사로운 그대 품에 안긴다

주름진 내 가슴 무지개로 채워주고

잃었던 유년의 꿈 고스란히 보듬고 있는

내 사랑 금정산 고향 같은 산이여

* 한인석 작곡으로 [부산연가 합창곡] 집에 수록됨.

아가

그대 아니면
아직도
벽속의 낮달이었으리

그대 아니면
아직도
가슴 없는 바람이었으리

절망, 그 끝에서도
별이 보이는
구원의 창이여

그대 있음에
내일은
나목으로 눈뜨리

그대 있음에
내일은
촛불로 깨어나리

아 가

작사 류선희
작곡 장희순

Andante(76) 깊은 감정으로

그대 아니면 아직도 벽 속의 낙서이었으리 그대 아니면 아직도 가슴없는 바람 이었으리 절망 그 끝에서도 별이 보이는 구원

빛남시선 **159**
흔들리지 않는 달빛

초판인쇄 | 2024년 11월 20일
초판발행 | 2024년 11월 25일
지 은 이 | 류선희
펴 낸 곳 | 빛남출판사
등록번호 | 제 2013-000008호
주   소 | 부산시 사하구 감천로21번길 54-6
            T.(051)441-7114   **E-mail.**wmhyun@hanmail.net

ISBN 979-11-94030-07-2(03810)

값 12,000원